Bibliografische Information der Deutschen Nationalbibliothek:

Die Deutsche Bibliothek verzeichnet diese Publikation in der Deutschen National-
bibliografie; detaillierte bibliografische Daten sind im Internet über http://dnb.d-
nb.de/ abrufbar.

Impressum:

Copyright © 2018 GRIN Verlag
Druck und Bindung: Books on Demand GmbH, Norderstedt Germany
ISBN: 9783668932203

Dieses Buch bei GRIN:

https://www.grin.com/document/464656

Leon Friedrich

Würfelt Gott etwa doch? Die Existenz des reinen Zufalls aus physikalischer Sicht

GRIN Verlag

GRIN - Your knowledge has value

Der GRIN Verlag publiziert seit 1998 wissenschaftliche Arbeiten von Studenten, Hochschullehrern und anderen Akademikern als eBook und gedrucktes Buch. Die Verlagswebsite www.grin.com ist die ideale Plattform zur Veröffentlichung von Hausarbeiten, Abschlussarbeiten, wissenschaftlichen Aufsätzen, Dissertationen und Fachbüchern.

Besuchen Sie uns im Internet:

http://www.grin.com/

http://www.facebook.com/grincom

http://www.twitter.com/grin_com

Gymnasium Puchheim
Bürgermeister-Ertl-Str. 11
82178 Puchheim

Schuljahr 2017/19

Seminararbeit

im W-Seminar: Chaostheorie und Fraktale

Würfelt Gott etwa doch? – Über die Existenz des reinen Zufalls

von
Leon Friedrich

Abgabetermin: 06.11.2018

1

Inhaltsverzeichnis

1 Einleitung...2

2 Zufall in der Makroebene 2

   2.1 Die klassische Physik..2

   2.2 Die Chaostheorie 2

3 Zufall in der Mikroebene..4

   3.1 Die Kopenhagener Deutung...4

   3.2 Physikalische Phänomene 5

   3.3 Heisenbergsche Unschärferelation 6

   3.4 Kritik an der Kopenhagener Deutung 7

   3.5 Alternative Interpretationen der Quantenmechanik.......................8

4 Grenzbetrachtung 9

   4.1 Schrödingers Katze...9

   4.2 Grenzbestimmung..10

   4.3 Das Korrespondenzprinzip..11

5 Fazit..12

   5.1 Zum reinen Zufall 12

   5.2 Zum absoluten Determinismus...12

   5.3 Zum freien Willen 13

6 Schluss..14

7 Literaturverzeichnis 15

1 Einleitung

Dem Zufall begegnet man tagtäglich. Ob man ins Casino geht, Lotto spielt oder würfelt, der Zufall scheint uns maßgeblich zu prägen. Hinter diesem alltäglichen und scheinbar trivialen Begriff steckt jedoch mehr, als man sich vielleicht zunächst bewusst ist. Denn, was ist „Zufall" überhaupt?

Mit der Etablierung neuer Wissenschaften entwickelte sich ein unterschiedliches Verständnis vom Zufall. So scheiden sich hierzu unter Philosophen, Psychologen, Soziologen und Physikern noch heute die Geister. Da die Physik im Gegensatz zu den anderen eben aufgeführten Wissenschaften empirisch beweisbar ist, bietet sie für eine wissenschaftliche Arbeit, wie dieser, die beste Argumentationsgrundlage. Betrachtet wird hier also der Zufall im physikalischen Sinne, das heißt der reine Zufall bei dem definitionsgemäß ein Ereignis objektiv ohne Ursache eintritt. An dieser Definition übte der Philosoph und Schriftsteller Voltaire bereits im 18. Jahrhundert Kritik:

„Zufall ist ein Wort ohne Sinn; nichts kann ohne Ursachen existieren."

Den implizierten Indeterminismus dieses reinen physikalischen Zufalls konnte er einfach nicht mit seinem Weltbild vereinbaren. In der Vergangenheit teilten viele hochangesehene Wissenschaftler seine Meinung, darunter auch Albert Einstein. Aber hatten sie recht? Existiert reiner Zufall überhaupt? Diese Leitfrage soll im Folgenden zentraler Bestandteil der vorliegenden Arbeit sein und zuletzt beurteilt werden.

Diese Frage hat nicht nur rein theoretische, sondern hat auch praktische Auswirkungen. Der absolute Determinismus steht und fällt nämlich mit der Existenz oder Nichtexistenz des reinen Zufalls. In einer Welt ohne Zufall wären alle Ereignisse theoretisch determiniert, was radikale Auswirkungen auf die Weltanschauung mit sich brächte. Auch der freie Wille wäre somit widerlegt, weil jede Entscheidungsfindung irrelevant wäre, wenn die Entscheidung bereits im Vorfeld feststünde. Umgekehrt könnte möglicherweise der reine Zufall die Daseinsberechtigung des freien Willens bewahren. Diese Zusammenhänge verdeutlichen die Wichtigkeit der hier diskutierten Frage.

Um den physikalischen Zufall zu untersuchen, ist eine differenzierte Betrachtung notwendig, denn die physikalischen Gegebenheiten variieren je nach untersuchter Größenskala. Man unterscheidet zwischen der Makroebene, der Größe, die wir sehen und wahrnehmen können, und der Mikroebene, der Größe nicht wahrnehmbarer kleinster Teilchen wie Atomen.

In den folgenden Kapiteln werden diese beiden Bereiche vorgestellt. Zunächst wird die wahrnehmbare Makroebene mit der klassischen Physik und der Chaostheorie diskutiert. Dann wird mit Hilfe der Kopenhagener Deutung und der Quantenmechanik der nichtwahrnehmbare Bereich untersucht. Da eine klare Trennung beider Ebenen nicht immer möglich ist, werden im Anschluss noch Grenzphänomene vorgestellt. Enden wird diese Arbeit mit einem Fazit zu den Begriffen Zufall, Determinismus und freiem Willen.

2 Zufall in der Makroebene

2.1 Die klassische Physik

Sir Issac Newton ist einer der bedeutendsten Physiker aller Zeiten. Mit dem Aufstellen seiner drei Bewegungsgesetze und dem Gravitationsgesetz legte er den Grundstein für die klassische Physik unserer heutigen Zeit. Kein Wunder, dass manche Autoren behaupten, er hätte die Physik erfunden.[1] Erstaunlicherweise beschäftigte er sich neben der Physik aber auch mit Mystik, Theologie, Geschichte und Politik.[2] 200 Jahre lang galt die Newtonsche Physik, auch klassische Physik genannt, als unanfechtbar.[3] In der klassischen Physik hat alles eine eindeutige Ursache, und jede Ursache hat selbst wiederum eine Ursache. Denkt man dieses Schema weiter durch, erreicht man irgendwann die uns bekannte erste Ursache, den Urknall. So folgt aus den Gesetzen der klassischen Physik der absolute Determinismus.[4] Dieser besagt, dass man den Zustand eines Systems zu jeder Zeit genau bestimmen kann, wenn man nur die Anfangsbedingungen kennt.[5]

2.2 Die Chaostheorie

Der amerikanische Meteorologe Edward N. Lorenz forschte lange an einer verlässlichen Wettervorhersage. Dafür benutzte er eine Computer-simulation mit zwölf

---

[1] Vgl. Gribbin, J. (1991), S. 21

[2] Vgl. Aigner, F. (2017), S. 31

[3] Ebd.

[4] Vgl. Hawking, S. (2018), S. 11

[5] Vgl. Aigner, F. (2017), S. 30

Parametern, wie z.B. Luftdruck und Wärme, die das Wetter präzise vorherbestimmen sollten. Er gab alle Werte fachgerecht ein und rundete im Nachgang nur einen einzigen Eingabewert von 0,506127 auf 0,506. Daraufhin änderte sich die Wettervorhersage radikal. Diese eine kleine Änderung in den Anfangsbedingungen führte zu komplett anderen Endzuständen. Dieser Umstand entpuppte sich als grundlegende physikalische Eigenschaft und wurde später mit der Chaostheorie erklärt.[6]

Zur besseren Verständlichkeit folgt zunächst ein Exkurs zum Thema Kausalität: Nach Newtons Mechanik müssten alle Systeme, zumindest theoretisch, schwach kausal sein. Das heißt, dass gleiche Ursachen stets auch gleiche Wirkungen zur Folge haben. Allerdings sind diese schwach kausalen Systeme eher der Ausnahmefall, denn in der Realität lassen sich Anfangszustände im Experiment nur selten exakt reproduzieren. Häufiger sind stark kausale Systeme, bei denen ähnliche Ursachen ähnliche Wirkungen erzielen.[7]

Edward Lorenz rundete einen Parameter geringfügig ab, mit der Erwartungshaltung, dass sich das Ergebnis im selben geringfügigen Maße ändern würde. Doch was er tatsächlich maß, war ein System dessen Zustand sich radikal änderte, obwohl sich seine Anfangsbedingungen durch das Runden nur sehr geringfügig unterschieden. Sein System verhielt sich weder schwach, noch stark kausal. Er entdeckte ein komplett neues Kausalsystem, ein chaotisches System.

Chaotische Systeme begegnen uns im Alltag häufiger, als einem vielleicht zunächst klar ist. Man findet sie im Wetter, in Aktienkursen, beim Herzschlag, bei Staubildung und bei der Populationsverteilung. Anders als die Bezeichnung „chaotisch" erwarten lässt, sind diese Systeme aber wohlgeordnet und gänzlich deterministisch. Kenne man nämlich die Anfangsbedingungen in aller Exaktheit, wären die Endzustände ebenso voraussagbar. Daher trifft der Begriff deterministisches Chaos zu.

Lorenz entdeckte darüber hinaus, dass die Abweichung anfangs noch gering ist und erst mit der Zeit exponentiell anteigt, sodass die Prognosewerte erst irgendwann später im Chaos münden. Jeder, der den Wetterbericht kennt, ist dem Phänomen schon mal begegnet. Während man sich meistens auf die Vorhersage der nächsten

---

[6] Vgl. Aigner, F. (2017), S. 34

[7] Joachim Herz Stiftung (2018)

drei Tage noch gut verlassen kann, wird die Voraussage in fernerer Zukunft immer unzuverlässiger.

Zudem gilt Lorenz als Entdecker des sogenannten Schmetterlingseffekts, der nach seiner berühmten Veranschaulichung benannt wurde. Demnach könne der Flügelschlag eines Schmetterlings am Amazonas zur Folge haben, dass in drei Jahren ein gewaltiger Sturm in Texas losbreche. „Die Abweichung zwischen dem Wetter mit Schmetterlings-Flügelschlag und dem Wetter, das sich ohne diesen Flügelschlag entwickelt hätte, wächst exponentiell an, und irgendwann sind diese beiden Wettervarianten so unterschiedlich, dass es in einer Version einen gewaltigen Sturm gibt und in der anderen mildes Sommerwetter".[8] Allerdings sind Schmetterlinge dadurch noch lange keine bösen Tiere, denn genauso wahrscheinlich, wie sie in der Lage sind, einen Sturm zu erzeugen, können sie auch einen verhindern.

Was jedoch haben die die Erkenntnisse von Lorenz mit dem Zufall zu tun? Nachdem selbst eine extrem kleine Abweichung in den Anfangsparametern, jede Voraussage über die Zukunft unbrauchbar macht, müsste man für treffsichere Prognosen theoretisch den Anfangszustand genauestens bestimmen. Wie unpraktikabel das in der Realität ist, wird auch noch im folgenden Kapitel dargelegt. Trotzdem wäre damit in der Theorie der absolute Determinismus noch immer gegeben.

3 Zufall in der Mikroebene

3.1 Die Kopenhagener Deutung

Max Planck beschäftigte sich um das Jahr 1900 mit dem Schwarzkörperproblem. Dabei kam ihm ein bahnbrechender Gedanke, der die Physik für immer verändern sollte.[9] Statt elektromagnetische Strahlung wie vorher als Kontinuum anzusehen, betrachtete er sie als diskrete Pakete, den sogenannten Quanten.[10] In den darauffolgenden knapp 30 Jahren konnten dadurch zahlreiche weitere Erfolge in der Physik erzielt werden, wie beispielsweise die Erklärung des photoelektrischen Effekts. Im Jahre 1927 kam es zur ersten umfassenden Interpretation der Quantenmechanik, der sogenannten Kopenhagener Deutung. Im Wesentlichen beinhaltet sie

---

[8] Aigner, F. (2017), S. 44

[9] Vgl. Ströhle, F. (2011), S. 39

[10] Vgl. Ströhle, F. (2011), S. 39 f.

Unbestimmtheit, Wahrscheinlichkeit und Störung des beobachteten Systems durch den Beobachter.[11]

Sie gilt bis heute als die Standardtheorie der Quantenmechanik[12] und findet vor allem Anwendung im Mikrokosmos.

3.2 Physikalische Phänomene

Am Anfang des 20. Jahrhunderts entdeckte man eine neue fundamentale Eigenschaft von Atomen, den radioaktiven Zerfall, der auch erst durch die Kopenhagener Deutung ausreichend erklärt werden konnte. Dabei zerbricht der Kern und Teile von ihm werden ausgestoßen.[13] Um zu berechnen wann ein Kern zerfällt, betrachtet man die Halbwertszeit.[14] „Diese gibt an, wann eine gegebene Menge an Atomkernen sich halbiert haben wird, das heißt, wann die Hälfte der gegebenen Atomkerne zerfallen sein wird".[15] Allerdings kann man für den Zerfall einzelner Atomkerne nur einen statistischen Wert angeben, denn jeder Versuch eine kausale Ursache für den genauen Zeitpunkt des Zerfalls zu finden schlug bisher fehl.[16] „Ein bestimmter Atomkern unter Beobachtung zerfällt in 50% der Fälle in der ersten Halbwertszeit. Die Wahrscheinlichkeit, dass er innerhalb zweier Halbwertszeiten zerfällt, beträgt 50% + 25%, also 75%; nach drei Halbwertszeiten beträgt die Zerfallswahrscheinlichkeit 87,5% (50% + 25% + 12,5% = 87,5 %) und so weiter".[17]

Prozesse, die nur stochastisch darstellbar sind, findet man aber auch noch in anderen Bereichen der Quantenmechanik. Beispielsweise kann man den Aufenthaltsort eines Elektrons zu einem bestimmten Zeitpunkt nie genau kalkulieren. „Vor der Ortsmessung befindet sich das Elektron laut der Kopenhagener Deutung in einer so genannten „Superposition", die alle Aufenthaltsmöglichkeiten gewissermaßen in sich vereinigt, beziehungsweise als eine Überlagerung mehrerer Zustände zur selben Zeit begriffen wird".[18] Nach der Ortsmessung kann das Elektron zwar genau an einem Punkt

---

[11] Vgl. Gribbin, J. (1991), S. 136

[12] Vgl. Ströhle, F. (2011), S. 40

[13] Vgl. Ströhle, F. (2011), S. 45

[14] Vgl. Ströhle, F. (2011), S. 45 f.

[15] Ströhle, F. (2011), S. 46

[16] Vgl. Ströhle F. (2011), S46 siehe auch Aigner, F. (2017), S. 76

[17] Ströhle, F. (2011), S. 46

[18] Ströhle, F. (2011), S. 45 siehe auch Aigner, F. (2017), S. 80

lokalisiert werden,[19] aber es ist bisher nicht möglich herauszufinden, warum das Elektron genau an diesem Punkt auftaucht.[20] Man kann lediglich wieder eine stochastische Aussage über den Aufenthaltsort treffen.

Diese Quantenzufälle stellen erstmals rein zufällige Ereignisse dar, die sich jedoch bisher nur auf Mirkoebene finden lassen.

3.3 Heisenbergsche Unschärferelation

Will man die Zukunft eines Teilchens genau vorhersagen, muss man die gegenwärtige Position und Geschwindigkeit möglichst genau ermitteln.[21] Es bietet sich an, das Teilchen mit Licht zu bestrahlen und anhand des Streuungsmusters Rückschlüsse auf die Position zu ziehen. Doch wird man das Teilchen so nicht genauer als den Abstand zwischen den Kämmern der Lichtwellen bestimmen können. Darum sollte man Licht mit möglichst kurzer Wellenlänge verwenden, um die Genauigkeit des Ortes zu steigern. Allerdings kann laut Max Planck Licht nicht in beliebig kleinen Lichtmengen aussenden. Man muss mindestens mit einer Elementarmenge arbeiten, einem sogenannten Quantum. In dem Moment, in dem das Lichtquantum auf das Messobjekt trifft, verändert sich der Impuls und damit die Geschwindigkeit des Objekts. Diese Veränderung wird geringer, wenn man mit langwelligeren, energiearmen Photonen arbeitet, denn diese geben weniger Energie an das Objekt ab.[22] Allerdings führt diese längere Wellenlänge wieder zu einer größeren Ungenauigkeit in der Ortsbestimmung.[23] „Es ergibt sich ein zentraler Zusammenhang: Je genauer man die Position des Teilchens zu messen versucht, desto ungenauer lässt sich seine Geschwindigkeit messen, und umgekehrt." Dieser Umstand wurde von Werner Heisenberg im Jahre 1927 im Zuge der Kopenhagener Deutung entdeckt. So setzte sich später der Begriff Heisenbergsche Unschärferelation durch. [24]

Diese Unschärferelation ist unabhängig von der Art des Teilchens und dem Messprozess. Sie ist eine fundamentale, unausweichliche Eigenschaft der Physik.[25]

---

[19] Die Heisenbergsche Unschärferelation wird hier noch vernachlässigt, vgl. Kapitel 3.3.

[20] Vgl. Ströhle, F. (2011), S. 45

[21] Vgl. Hawking, S. (2004) S. 68 ff.

[22] Vgl. Hawking, S. (2004) S. 71 siehe auch Ströhle, F. (2011), S. 47

[23] Vgl. Hawking, S. (2004) S. 72

[24] Vgl. Ströhle, F. (2011), S. 47

[25] Hawking, S. (2004) S. 72

Letztlich ist es also kategorisch ausgeschlossen den genauen Zustand eines Systems zu ermitteln, weil immer eine gewisse Unschärfe auftritt. Werner Heisenberg schreibt dazu: „Wir können die Gegenwart in allen Bestimmungstücken prinzipiell nicht kennen".[26] Dieser Umstand hat weitreichende Folgen für den Determinismus. Denn, wie soll man die Zukunft vorhersagen, wenn man nicht einmal den gegenwärtigen Zustand des Universums genau bestimmen kann?[27]

3.4 Kritik an der Kopenhagener Deutung

Die meisten Physiker erkannten die Kopenhagener Deutung nach zahlreichen darauf basierenden Erfolgen als richtig an. Nicht aber Albert Einstein, der sich mit der Kopenhagener Interpretation im Widerspruch befand.[28] Ironischerweise hatte er sogar mit ihr den photoelektrischen Effekt erklärt, für den er Jahre später auch den Nobelpreis erhalten sollte. Trotzdem konnte er rein zufällige Prozesse mit seiner Vorstellung von Physik nicht vereinbaren. Er war der festen Meinung, dass die Realität nicht durch reinen unerklärbaren Zufall bestimmt sein könne.[29] Für ihn blieb der Newtonsche Determinismus fester Teil seiner physikalischen Weltanschauung.

In einem länger andauernden Briefwechsel mit Niels Bohr, einem der Begründer der Kopenhagener Interpretation, brachte er seine Bedenken vor.

> „Die Quantenmechanik ist sehr achtunggebietend. Aber eine innere Stimme sagt mir, daß das noch nicht der wahre Jakob ist. Die Theorie liefert viel, aber dem Geheimnis des Alten bringt sie uns kaum näher. Jedenfalls bin ich überzeugt, daß der nicht würfelt."[30]

Mit würfeln meint er den Zufallsaspekt der Quantenmechanik, bei dem der Würfel paradigmatisch für den Zufall steht.[31] Das „Geheimnis des Alten" steht für das Geheimnis von Gott, respektive der wahren physikalischen Begebenheit.[32]

---

[26] Gribbin, J. (1991), S. 173

[27] Vgl. Hawking, S. (2004), S. 72

[28] Vgl. Gribbin, J. (1991), S. 79

[29] Vgl. Aigner, F. (2017), S. 87

[30] Walter, U. (2015)

[31] Paradoxerweise ist aber genau dieses Würfeln nicht ontisch zufällig, denn ihm liegt ein chaotisches System zugrunde, das theoretisch deterministisch ist.

[32] Ebd.

„Gott würfelt nicht war ein Grundsatz, der für Einstein unerschütterlich feststand. Bohr konnte darauf nur antworten: 'Aber es kann doch nicht unsere Aufgabe sein, Gott vorzuschreiben, wie Er die Welt regieren soll'".[33] Um dem „Geheimnis des Alten" näher zu kommen, führte Einstein später die sogenannten versteckten Variablen ein, die die Ursache für die scheinbar zufälligen Ereignisse darstellen sollten. Neun Jahre nach Einsteins Tod wurde diese Theorie jedoch durch die Bellsche Ungleichung widerlegt und damit blieb die Kopenhagener Deutung trotz Einsteins Kritik weiterhin gültig.

3.5 Alternative Interpretationen der Quantenmechanik

Einstein war allerdings nicht der einzige, der sich nicht mit dem Zufall der Kopenhagener Deutung anfreunden konnte. Manche suchten nach alternativen Interpretationsansätzen.

Unter ihnen war auch der amerikanische Physiker Hugh Everett, der auf einen radikalen Lösungsansatz, der sogenannten „Viele-Welten-Theorie", kam. „In seiner Interpretation der Quantenphysik gibt es den Zufall gar nicht: Immer, wenn auf Quanten-Ebene eine Entscheidung getroffen wird, jedes Mal, wenn aus einer Überlagerung ein eindeutig gemessener Zustand wird, spaltet sich das Universum in verschiedene Varianten auf, und jede Möglichkeit wird gleichermaßen wahr."[34] Nach einer Entscheidung befindet man sich dann in genau einem dieser Paralleluniversen, in dem die Entscheidung so ausgefallen ist, wie wir sie eben messen. Auch wenn dieser Ansatz nach einer gelungenen Möglichkeit aussieht sich elegant aus der Affäre zu ziehen, ist sie nicht wirklich empirisch beweisbar und teilt damit das Schicksaal mit der Stringtheorie, als unwissenschaftlich abgestempelt zu werden.

Eine weitere mögliche Interpretation bietet die De-Broglie-Bohm-Theorie, auch Bohmsche Mechanik genannt. Sie geht von verborgenen Variablen aus, die den Determinismus aufrechterhalten[35]. Allerdings vertreten diese beiden genannten Alternativen nur eine kleine Minderheit in der Physikerszene.

---

[33] Heisenberg, W. (2001), S. 58

[34] Aigner, F. (2017), S. 97

[35] Spektrum der Wissenschaft (1998)

4 Grenzbetrachtung

4.1 Schrödingers Katze

Es scheint als gäbe es zwei Wirklichkeiten: Die Makrowelt in der wir tagtäglich leben, die theoretisch deterministisch ist, und die Mikrowelt auf Größe von Molekülen, die durch den reinen Zufall bestimmt wird.

Es stellt sich die Frage, ob der Quantenzufall überhaupt eine Auswirkung auf uns Makrowesen hat, oder ob wir ihn einfach ignorieren können, weil wir schlicht und einfach zu groß sind?

Warum wir das nicht so einfach ignorieren können, zeigt das berühmte Gedankenexperiment von Erwin Schrödinger, einem der Begründer der Quantenmechanik.[36]

In dem Experiment hat man eine Box als isoliertes System, in der sich ein radioaktives Atom befindet, das eine bestimmte Halbwertszeit hat. Der Zerfall wird mit einem Strahlenmessgerät erfasst, das beim Ausschlag Blausäure freisetzt. Als letztes namensgebendes Element befindet sich eine Katze in der Kiste.

Ist Box offen, so kann man in sie hineinsehen und abwarten bis das radioaktive Atom irgendwann zerfällt. Durch eine Kettenreaktion wird die Katze früher oder später durch die austretende Blausäure sterben. Man kann zu jedem Zeitpunkt sagen, ob die Katze tot oder lebendig ist.

Interessant wird der Versuch erst, wenn man die Box schließt. Beim radioaktiven Zerfall kann man, wie oben erläutert, nie genau sagen, wann er genau eintritt. Solange man also nicht in die Box hineinschaut, befindet sich das Atom in einem Überlagerungszustand, in dem es zerfallen und nicht zerfallen zugleich ist. Wartet man nun bis zur spezifischen ersten Halbwertszeit, ist die Wahrscheinlichkeit, dass das Atom zerfallen ist, immer genau 50%. Damit ist der Strahlungsmesser zu 50% ausgeschlagen, das Gift zu 50% ausgetreten und die Katze so zu 50% tot. Dadurch transferiert sich die Superposition des Atoms auf die Katze, wodurch sie tot und lebendig zugleich ist. Erst, wenn man die Box öffnet, zwingt man die Wellenfunktion zu kollabieren und den eindeutigen Zustand zum Vorschein zu bringen.[37]

Die Vorstellung einer Katze, die halb tot und halb lebendig ist, wirkt absurd. Mit seinem Paradoxon wollte Schrödinger den noch immer Vorhandenen inneren Widerspruch der

---

[36] Vgl. Aigner, F. (2017), S. 87

[37] Vgl. Aigner, F. (2017), S. 88

Quantenmechanik verdeutlichen, dass halbtote Katzen kein Teil unserer Realität darstellen. Auch für ihn scheint noch ein innerer Widerspruch in der Quantenmechanik verborgen zu sein.

So zeigt das Experiment eindrucksvoll, dass der Zufallsaspekt der Kopenhagener Deutung sich nicht so einfach wegargumentieren lässt.[38]

4.2 Grenzbestimmung

Bisher wurde von Mikro- und Makroebene gesprochen ohne diese Begriffe und ihre Abgrenzung zu erklären. Ab wann ist etwas makroskopisch oder mikroskopisch? Ein Atom ist ein Quantenobjekt, aber sind das größere Moleküle, Strukturen oder gar Zellen auch? Wo kann man eine Grenze zwischen Makro und Mikro ziehen oder existiert überhaupt keine Grenze? Im Allgemeinen gibt es mehrere mögliche Vorgehensweisen sich an eine Grenze zu nähern. Es ist einerseits möglich quantenmechanische Eigenschaften in immer größer werdende Objekten, oder andererseits makroskopische Eigenschaften bei immer kleiner werdenden Objekten zu suchen. So ermittelt man den Umschlagspunkt, vorausgesetzt ein solcher ist überhaupt existent.

Eine aktuelle Studie vom Institut für Experimentalphysik an der Universität Innsbruck beschäftigte sich mit gasförmigen ultrakalten Atomen. Sie stießen dabei erstmals auf Quantenchaos im Streuverhalten ultrakalter Atome. Im Experiment kühlten die Forscher Erbiumatome auf wenige Nanokelvin und brachten sie in eine Laserfalle ein. Dann setzten sie die gefangenen Atome einem Magnetfeld aus und untersuchten deren Streuverhalten. Bei bestimmten Einstellungen des Magnetfelds verbanden sich zwei Erbiumatome zu einem schwach gebundenen Molekül, ein Vorgang der auch Resonanz genannt wird. Das Prozedere wiederholten sie einige Male mit verschiedensten Magnetfeldern und es wurden über 200 Resonanzen gemessen. Um diese hohe Dichte an Resonanzen erklären zu können, bedienten sie sich einer statistischen Methode, der sogenannten Zufallsmatrixtheorie. Dabei kam vor allem ans Licht, dass die unterschiedlichen Molekülniveaus miteinander gekoppelt sind. Außerdem führen die besonderen Eigenschaften von Erbium, zu einem komplexen Bindungsverhalten, das als chaotisch beschrieben werden kann.[39]

---

[38] Vgl. Aigner, F. (2017), S. 89

[39] Universität Innsbruck (2014), siehe auch Frisch, Albert et al. (2014)

Damit wurde ein Nachweis für eine makroskopische Eigenschaft auf Atomebene erbracht. Dieses Quantenchaos ist auch ein Beweis dafür, dass auf Atomgröße klassische und quantenmechanische Phänomene koexistieren. Inwiefern die beiden dabei korrelieren und welche Rolle sie einnehmen ist aber noch fraglich und bedarf deshalb weiterer Forschung in diesem Gebiet.

4.3 Das Korrespondenzprinzip

Mit dem Korrespondenzprinzip postulierte Niels Bohr im Jahre 1923 eine weitere Beziehung zwischen der klassischen Physik und der Quantenmechanik. Demnach bestehe zwischen ihnen eine formale Analogie. Diese stelle die Grundlage dafür dar, dass die Quantenmechanik für sehr große Quantenzahlen in die klassische Physik übergeht. Das heißt, dass die klassische Physik beispielsweise für größere oder energiereichere Systeme eine sehr gute Näherung der Realität liefert. Allerdings gibt es auch Quanteneffekte ohne klassischen Grenzfall. So wird die Quantenmechanik heute als fundamental und universell geltend beschrieben[40]. Dadurch steht ihre Signifikanz formal über der, der klassischen Mechanik, die als Grenzfall in ihr enthalten ist. Auf dieser Grundlage kann man argumentieren, dass der klassische Determinismus nur als Grenzerscheinung Teil einer indeterministischen Gesamtheit ist.

---

[40] Spektrum der Wissenschaft (1998)

5 Fazit

5.1 Zum reinen Zufall

Während zu Sir Issac Newtons Zeiten der reine Zufall von der Physik negiert wurde, änderte sich diese Einstellung mit der Zeit. Man fand chaotische, zufällig aussehende Systeme, die aber nichts mit Zufall zu tun haben. Erst mit den jüngsten Erkenntnissen der Quantenmechanik wagte man dem „Vater der Physik" Paroli zu bieten. Die gut bewiesene Kopenhagener Interpretation ging von rein zufälligen quantenmechanischen Prozessen aus, die sich nicht so einfach ignorieren ließen. Trotz Kritik von Albert Einstein konnte sie sich bis heute behaupten. Die Existenz des reinen Zufalls schien auf der Mikroebene bewiesen, aber man konnte sich noch wenig mit Überlagerungszuständen in der Makroebene anfreunden. Schrödingers Katze veranschaulichte, dass dieser Umstand der Realität entsprechen müsste. Heute hat man chaotische Zustände in mikroskopischen Systemen nachgewiesen, die die Koexistenz der beiden Ebenen beweisen. Das Korrespondenzprinzip ordnet die klassische Physik der Quantenmechanik als Spezialfall unter. Letztlich ist der Quantenzufall der ausschlaggebende Faktor, der Einfluss auf beide Ebenen nimmt. Dies leitet zum finalen Fazit: Der reine Zufall existiert.

5.2 Zum absoluten Determinismus

Was mit dem absoluten Determinismus oft assoziiert wird, ist die Möglichkeit die Zukunft genau vorherzusagen. Zu Zeiten von Newton nahm man an, dass sich dies mit entsprechender Messtechnik noch bewerkstelligen ließe. Selbst bei nicht perfekter Messung hätte die Zukunftsprognose noch einen sehr hohen Wahrheitsgehalt gehabt. Mit der Chaosforschung verzeichnete sich ein Bruch in der strengen Kausalität. Chaotische Systeme erfordern eine solche Messgenauigkeit, dass weitere Zukunftsberechnungen nach längerer Zeit stets im Chaos münden und somit unbrauchbar werden. Theoretisch wäre aber der absolute Determinismus noch gültig, weil chaotische Systeme trotzdem deterministisch sind. Mit den Folgen der Quantenmechanik zieht auch der Indeterminismus in die Physik ein, d.h. Zufälle unterbrechen jetzt die Kausalketten und widerlegen damit den absoluten Determinismus. Zusätzlich wird mit der Heisenbergschen Unschärferelation eine genaue Messung nicht nur praktisch, sondern auch noch theoretisch unmöglich. Noch heute glauben viele Menschen an Schicksal und daran, dass unser Lebensweg vorherbestimmt sei. Mit dem neuerlangten Wissen könnte man ihnen den Rat geben ihr Schicksaal selber in die Hand zu nehmen. Aber ist das überhaupt möglich? Hat man dann überhaupt einen freien Willen?

5.3 Zum freien Willen

Mit der Widerlegung des absoluten Determinismus könnte man in Versuchung kommen den freien Willen als verteidigt zu betrachten. Da jegliche Entscheidung eben nicht komplett determiniert ist, ist auch unser Leben nun nicht mehr von vergangenen Anfangsbedingungen bestimmt, denn vielmehr herrscht die Ausprägung von Quantenzufällen. Aber findet sich wirklich der freie Wille in dieser Willkür wieder?

Man vernachlässigt eine entscheidende Komponente, den Akteur selbst. Denn wie kann man ihm die aktive Entscheidung zurechnen, wenn nicht er, sondern die Ausprägung des Quantenzufalls den eigentlichen Ausgang bestimmt? Definitionsgemäß müsste der Entschluss nämlich nicht nur absolut frei sein, sondern auch zugleich unter der Kontrolle der entscheidenden Person stehen.[41] Der Wille soll also gleichzeitig absolut frei und kontrolliert sein. Diese Problematik wird in der Philosophie als libertarisches Dilemma bezeichnet.[42] Obwohl Philosophen schon lange nach einer einfachen Lösung für das Dilemma suchen, gibt es bisher nur Theorien, die aber nie ohne Änderung der Definition oder Negierung der ontologischen Zufälle der Quantenmechanik auskommen. Diese genügen aber nicht dem empirischen, naturwissenschaftlichen Anspruch. Zusammenfassend kann man sagen, dass aktuell nicht von einem definitionsgemäßen freien Willen ausgegangen werden kann.

---

[41] Vgl. Ströhle, A. (2011), S. 165
[42] Vgl. Ströhle, A. (2011), S. 11

6 Schluss

Egal wie man es dreht und wendet, der Traum von einer einfachen deterministischen Welt findet keinen Rückhalt in der Realität. Egal wie sehr Einstein am Ende seines Lebens zwanghaft versucht hat, durch neu eingeführte Variablen die Physik wieder deterministisch zu machen, blieb die Quantenmechanik bis heute unantastbar. Der schöne Gedanke von einer streng kausalen Welt folgt dem Leitfaden der Wissenschaft: Alles hat eine Ursache. Dass die Welt aber nun genau durch Zufälle gesteuert wird, war nicht nur Einstein suspekt. Die alternativen Interpretationen der Quantenmechanik bieten dem, der sich nicht mit Zufallsaspekt der Kopenhagener Deutung abfinden kann, eine Zufluchtsmöglichkeit. Allerdings werden diese nur von der Minderheit vertreten oder sind nicht beweisbar. Die Prämissen der Quantenmechanik sind so fernab unseres Verständnisses von Realität, dass viele den Kontrollverlust fürchten. Man könnte glauben nur ein Figürchen auf dem Mensch-Ärger-dich-nicht Feld der eigentlichen absoluten Wirklichkeit zu sein. Gott würfelt, und ob man jetzt gewinnt oder verliert, liegt nicht in der eigenen Hand. Wahrscheinlich ist es genau das, was Menschen befürchten, dass sie nicht der Spieler, sondern Teil des Spiels sind.

Natürlich muss man die Absolutheit der Quantenmechanik sehr kritisch betrachten. Eine Theorie ist bekanntlich nur so lange gültig, bis sie widerlegt ist. Zu Zeiten Newtons hätte es niemand gewagt an einer so festgesetzten Physik auch nur zu rütteln. 300 Jahre später wurde sie zum Spezialfall einer noch größeren Theorie. Man darf die Möglichkeit nicht ausnehmen, dass in 300 Jahren eine, der Quantenmechanik übergeordnete deterministische Theorie in die Physik einzieht. Geht man aber streng wissenschaftlich von dem aktuellsten Stand aus, kann und muss man sagen: Der reine Zufall existiert.

Es tut mir leid Einstein, Gott würfelt doch!

7 Literaturverzeichnis

Aigner, Florian: Der Zufall, das Universum und du. Die Wissenschaft vom Glück. Wien 2017

Frisch, Albert et al (2014): Quantum chaos in ultracold collisions of gas-phase erbium atoms. https://www.nature.com/articles/nature13137 [28.10.2018]

Frisch, Albert et al.(2014): Quantum Chaos in Ultracold Collisions of Erbium. https://arxiv.org/pdf/1312.1972.pdf [28.10.2018]

Gleick, James: Chaos: Making a new science. London 1997

Gribbin, John: Auf der Suche nach Schrödingers Katze: Quantenphysik und Wirklichkeit. München 2010[8]

Hawking, Stephen: Die illustrierte kurze Geschichte der Zeit. Hamburg 2004[6]

Hawking, Stephen/Mlodinow, Leonard: Der große Entwurf. Eine neue Erklärung des Universums. Hamburg 2011[6]

Heisenberg, Werner: Der Teil und das Ganze. Gespräche im Umkreis der Atomphysik. München 2001

Hummel, Philipp (2016): Schrödingers Katze in zwei Kisten zugleich. https://www.spektrum.de/news/schroedingers-katze-in-zwei-kisten-zugleich/1411578 [28.10.2018]

Joachim Herz Stiftung (2018): Starke und schwache Kausalität: https://www.leifiphysik.de/waermelehre/deterministisches-chaos/starke-und-schwache-kausalitaet [28.10.2018]

Spektrum der Wissenschaft (1998): Korrespondenzprinzip. https://www.spektrum.de/lexikon/physik/korrespondenzprinzip/8402 [28.10.2018]

Spektrum der Wissenschaft (1998): Bohm-Theorie. https://www.spektrum.de/lexikon/physik/bohm-theorie/1811 [28.10.2018]

Ströhle, Andreas (2012): Über die Begriffe 'Zufall' und 'absolute Willensfreiheit' aus ontologischer Perspektive. https://edoc.ub.uni-muenchen.de/14464/1/Stroehle_Andreas_Felix.pdf [28.10.2018]

Universität Inssbruck(2014): Chaos in der Quantenwelt. https://www.weltderphysik.de/gebiet/teilchen/news/2014/chaos-in-der-quantenwelt/ [28.10.2018]

Voltaire el al.: Philosophisches Wörterbuch. Berlin 1995

Walter, Ulrich (2015): Gott würfelt nicht! Wirklich?: https://www.welt.de/wissenschaft/article160310090/Gott-wuerfelt-nicht-Wirklich.html [28.10.2018]